TE AMO

El amor, su inicio y fin

Franco Hall

ISBN-13: 978-1517605179

ISBN-10: 1517605172

Introducción

El presente artículo recoge algunas de las aproximaciones actuales al amor desde la perspectiva psicobiológica, con especial énfasis en los correlatos cerebrales implicados en las fases inicial y final de este relativamente complejo resultado de ciertos mecanismos de la fisiología cerebral.

Se enfatiza así, tal como se expone en el título y en el párrafo anterior, que no se pretende desarrollar en las páginas que siguen un manual de autoayuda tan al uso, al mismo tiempo que se descartan, no por inválidas, sino por ajenas al planteamiento elegido en el discurso, muchas de las innumerables aportaciones que desde otras disciplinas psicológicas, o desde la pedagogía, o la antropología, o la filosofía, o las religiones, son necesarias para llegar a captar de manera más completa este proceso de la fisiología cerebral que llamamos amor.

No suele conocerse hasta qué punto la vida sentimental está regulada por determinantes fisiológicos; por ejemplo, el hecho de que al besar a la pareja, casi el 80% de las personas doble la cabeza hacia la derecha, está determinado por la asimetría y lateralización de los sistemas motores encefálicos, al igual que la destreza manual. Y así, muchas peculiaridades del estado y la conducta del amor dependen de condicionantes orgánicos previos, cuyo conocimiento no tiene por qué devenir inútil, sino, quizás, al contrario. A continuación se muestran investigaciones recientes que permitirán aventurar algunas posibles respuestas a preguntas usuales sobre el tema, como por ejemplo, qué relación hay entre los bombones y el amor, o entre el sexo y el amor, o el porqué de la obsesión de cada miembro de la pareja por el otro, cuando el amor es correspondido y cuando no.

Se avanzan, seguramente por un exceso de atrevimiento, posibles explicaciones del porqué de la cercanía existente entre la ruptura sentimental y la depresión clínica, o incluso de si habrá algún sustrato cerebral responsable de las conductas agresivas frente a las ex-parejas (evidentemente, no como justificación, sino como una vía a explorar para acabar con esta lacra social). Se sugerirán incluso los fundamentos de algunas estrategias que podrían facilitar la superación de la tristeza y agonía insuperables que puede generar el fracaso amoroso, probablemente merecedor de mayor atención por parte de los sistemas sanitarios.

Frente a lo que objetan algunas personas, opuestas al esclarecimiento de cuestiones como la que aquí se trata, el conocimiento no tiene que implicar pérdida ni disminución alguna de la luz y la magia que aporta el amor a la vida de los enamorados; como expresa el profesor Antonio Damasio, de la Universidad de Iowa, del modo más informal e inteligible en una entrevista: "conocer la fisiología de la digestión no nos impide saborear un buen bistec". Así, a lo largo del texto podrán encontrarse datos que podrían aprovecharse como sugerencias (aunque no se sugiera tal cosa) que podrían ser de utilidad en alguna situación amorosa, o al final del amor, y cuyo inclusión tiene la única misión de mostrar cómo, además de otras aproximaciones científicas y artísticas, el conocimiento extremo del amor puede ser útil.

Se define aquí el amor como una motivación que incluye no solamente estados emocionales –felicidad, satisfacción, cariño, orgullo, diversión, apego-, sino también componentes más claramente fisiológicos -elevación del arousal o activación del que lo experimenta, relacionado con el incremento del interés y la práctica sexual, pero también con una repercusión global en la fisiología y en el estado de salud de los miembros de la pareja-, y cognitivos, al estar todo lo anterior complementado con pensamientos y toma de decisiones lógicas de compromiso y esfuerzo por el mantenimiento de la relación, así como con la planificación del futuro compartido, o al contrario, en el caso de los amores imposibles.

Así, el término "amor" incluye aquí lo que la gente común entiende por amor, cuando se dice "te amo", y que muchos autores tienden a diferenciar como "amor romántico" distinto del "interés sexual". Como quiera que tal distinción podría contribuir a confundir aún más un campo suficientemente difuso, en lo que sigue se entiende por "amor" lo que suele entenderse habitualmente entre las parejas y que se definió en el párrafo anterior. Por otra parte, es cierto que, en muchos casos, la aproximación entre dos personas no tiene como objeto el establecimiento de un compromiso, sino que puede estar motivada por interés sexual o por lo que se tiende a denominar como amor romántico. Al ser ésta una cuestión que trasciende del amor propiamente dicho, y que habría que situar en un debate social, al tratarse de valores y metas sociales –qué tipo de amor quiere la sociedad, qué tipo de relación entre las personas quiere la sociedad- no se profundizará en ello aquí. Por amor romántico suele entenderse "búsqueda de proximidad", "cariño", "apego", "estima"; sin embargo, sustraer el sexo del amor puede llegar a hacer incomprensible para el público el debate de los expertos del amor.

Una reciente investigación de las Universidades de California en Los Ángeles, San Francisco y Berkeley proponen para el amor romántico una función de establecimiento de lazos duraderos y para el deseo sexual una función de búsqueda de oportunidades para la actividad sexual. Los autores del trabajo citado asumen la propuesta de Diamond de 2003 de considerar el amor romántico como un estado motivacional.

El inicio del amor

"El amor ha existido siempre". En realidad, esta frase, repetida suficientemente como para que resulte familiar, induce a error. De hecho, es falsa, puesto que ni nuestros antepasados evolutivos amaron (algo similar comienza con los vertebrados homeotermos), ni aman niños y niñas hasta que están suficientemente maduros, de acuerdo a sus ritmos de desarrollo corporal determinados por lo ritmos cerebrales correspondientes; Sobre la maduración en la adolescencia de los circuitos cerebrales relacionados con la aparición del amor, que posibilita entender la adolescencia como un período crítico del desarrollo cerebral, el autor ha publicado un ensayo recientemente. A continuación se tratarán, en dos apartados diferentes, los dos recorridos por las que aparece el amor sobre la faz de la Tierra, en primer lugar, recorriendo la historia evolutiva que lleva al amor en la especie humana, esto es, la filogenia del amor y, en segundo lugar, situando la aparición de la capacidad de amar en el curso del desarrollo individual, esto es, la ontogenia del amor.

La filogenia del amor

Parece excesivo aclarar que los organismos unicelulares, o incluso virus, priones o partículas subatómicas, no aman. Pero así es, y aunque en ocasiones muestren los organismos unicelulares y virus una fijación enfermiza por determinadas células de otros organismos (pensemos en el virus que navega en el amor, parafraseando la canción, el virus de inmunodeficiencia humana, VIH, causante del síndrome de inmunodeficiencia adquirida, con su patológica fijación por ciertas células del sistema inmunitario humano), eso no es amor. Los veleidosos átomos y partículas subatómicas, aunque puedan haberse originado en una explosión estelar y luego formar parte de la multitud de partículas que pueden intercambiar dos bocas en el beso en que explota la pasión, tampoco experimentan el amor, aunque sean parte de él.

Cualquier partícula o célula no puede experimentar sentimientos como el amor. Las piedras, los microorganismos, amebas, paramecios, no pueden sentir tal cosa, aunque sí son proclives a responder a ciertos estímulos. Muchos microorganismos pueden dirigirse hacia determinados estímulos, como luz y calor. Las piedras pueden romperse, como los corazones, pero en su caso no por el amor y el desamor, sino por cambios bruscos de temperatura.

Las células vegetales no sienten, tal como experimentan los animales, aunque sus estados fisiológicos, y sus traumas, pueden generar moléculas y sustancias tróficas, que sirven de estímulos para determinadas reacciones y automatismos de reparación de daños que serían muy útiles para los humanos al final del amor. Los representantes del reino vegetal puede experimentar multitud de respuestas a los estímulos, aunque no cabe hablar de conductas; muchas de dichas respuestas son bastante elaboradas, pero no entran en el reino de los sentimientos. Los girasoles se doblan hacia el sol, pero no por amor, sino por mecanismos físico-químicos relativamente bien conocidos.

Como defiende, entre otros, el profesor Llinás, de la Universidad de Nueva York, el sistema nervioso aparece como una necesidad ante el movimiento de los primeros animales.

El amor requiere de un sistema nervioso, pero no de cualquier sistema nervioso. Los primeros animales con ciertas células neuroepiteliales precursoras de las neuronas, constituyentes esenciales del sistema nervioso, fueron los Poríferos, con cuyos restos se comercia como esponjas. Pocos imaginan que ese común artilugio del baño y de la ducha fuera en vida capaz de experimentar un sentimiento tan elaborado como el amor, y efectivamente, no son capaces, al igual que tampoco hidras, medusas y otros animales con primitivas neuronas. Su fisiología nerviosa no lo permite.

De esas neuronas primitivas dispersas por el cuerpo de los Poríferos y Cnidarios se pasa a otros tipos de sistema nervioso sucesivamente más complejos, en Anélidos, Crustáceos, Moluscos e

Insectos. Las masas de neuronas, cada vez más numerosas, comienzan a disponerse preferentemente en el eje central del cuerpo, al mismo tiempo que uno de esos grandes grupos celulares, o ganglios, el primero, situado en la porción delantera o cefálica del animal, va a ir transformándose en un primitivo cerebro. Otros grupos, que no son el ganglio cefálico, van organizándose de manera segmentada a lo largo del cuerpo. Diversas tendencias que aquí se apuntan, centralización y encefalización, van originando esas transformaciones de los sistemas nerviosos que, aunque en organismos cada vez más complejos, siguen ignorando el significado del amor.

La culminación del proceso se alcanza en los Vertebrados, con la aparición de una estructura central, la notocorda, que señala el inicio del esqueleto interno, que a su vez posibilita un crecimiento mucho mayor del cuerpo, ya no encerrado en un caparazón. Esto lleva a la consecuente aparición de sistemas de comunicación nerviosa con fibras mucho más eficientes gracias a la aparición de un aislante, la mielina, que permite la transmisión, sin pérdida de señal, del impulso nervioso a mayores distancias. Este nuevo diseño posibilitará, aunque no de manera inmediata, la aparición del amor sobre la faz de la Tierra.

Puede dar una perspectiva de lo extraño del amor en la Naturaleza el contemplar de manera fugaz cómo se llega en la clasificación zoológica taxonómica del Reino Animal a los organismos que pueden experimentarlo:

Superregnum: Eukarya (otros serían bacterias, etc.) Regnum: Animalia (otros reinos serían Plantas, Hongos...) Subregnum: Eumetazoa (aparte estarían las esponjas, p.e.) Supephilum: Deuterostomia (aparte estarían medusas, p.e.) Phylum: Chordata (aparte estarían las estrellas de mar, p.e.) Subphyla: Vertebrata (Craneata)

Infraphyla: Gnathostomata

Superclassis: Tetrapoda

Y así se llega, finalmente, a las dos clases de animales, Aves y Mammalia, aves y mamíferos, en las que existen especies que parecen compartir una serie de rasgos comunes a lo que podría

denominarse con la etiqueta de amor (como algo diferente de la reproducción sexual, común en la naturaleza), y que en el ser humano adquiere características especiales derivadas de nuestras peculiaridades anatómicas y funcionales.

El mantenimiento de la temperatura corporal que permite agrupar a Aves y Mamíferos como animales homeotermos ha posibilitado la aparición de conductas tendentes a reducir el gasto energético de la reproducción, por ejemplo promoviendo innovaciones fisiológicas y conductuales, o mejorando otras previamente existentes, que mejoren la viabilidad de la descendencia, incluso aprovechando ese calor corporal, en la incubación de los huevos o en su desarrollo dentro del propio cuerpo materno, pero también promoviendo sistemas eficientes de emparejamiento de los progenitores, que en algunas aves y mamíferos se traduce en una unión estrecha y duradera entre los miembros de la pareja, al menos durante el período de reproducción y de crianza, y en ocasiones durante varios años o incluso, en casos excepcionales, para toda la vida. En todo caso, la variabilidad en las posibles relaciones a establecer con fines reproductores en aves y mamíferos es enorme y no caben generalizaciones.

Según la profesora Helen Fischer, del Departamento de Antropología de la Universidad de Rutgers, en Estados Unidos, la evolución ha diseñado en especies de aves y mamíferos tres sistemas cerebrales primarios para dirigir la reproducción: Impulso sexual, para motivar a los individuos a buscar pareja.

Atracción, para motivar a los individuos a preferir y perseguir parejas concretas y Apego, para motivar a los individuos a permanecer juntos bastante tiempo para completar los deberes parentales específicos de la especie. El resultado conjunto de la acción de estos tres sistemas debiera ser idealmente el de reducir el gasto energético implicado en la reproducción. El amor romántico en humanos puede ser una forma desarrollada de un sistema general de cortejo de los mamíferos, que evolucionó para estimular la elección de pareja, ahorrando tiempo y energía de cortejo.

No se describirán aquí, por suficientemente conocidos, los frecuentes casos de emparejamiento en aves que, tras constituirse la pareja mediante mecanismos casi totalmente estereotipados, dan muestras de fidelidad durante el período reproductor e incluso, en varias especies, se mantiene en años posteriores, colaborando entre ambos progenitores durante años para sacar adelante las sucesivas nidadas, incluso hasta la muerte de uno de ambos. Recientes estudios genéticos de los pollos en diversas especies han mostrado que no siempre los miembros de la pareja (o uno u otro) son los verdaderos padres de las crías, lo que sugiere cierta flexibilidad dentro de la rígida programación de estas parejas de aves.

En la actualidad se conoce en detalle el sustrato neurobiológico del impulso y la conducta sexual en animales. Una multitud de estructuras se han relacionado con la conducta sexual, y puede encontrarse una completa y amena revisión en Mas (2000). Como un componente esencial del amor, ha interesado a la comunidad científica hasta el punto de que restan pocos componentes de su fisiología por conocer. Así, recientemente se ha comunicado por primera vez la existencia de un marcador fisiológico para el orgasmo femenino en las contracciones rítmicas (en la banda alfa, de 8 a 13 Hz) de la musculatura del perineo.

Pero según Helen Fischer, y otros autores, el amor en humanos implica otros sistemas cerebrales que deben dar cuenta de los otros componentes del amor que, en la teoría triangular de Robert Sternberg, son por una parte la intimidad y por otra el compromiso y que, junto con la pasión, constituyen los tres pilares que sustentan el amor humano. ¿Cómo puede evaluarse e identificarse un sustrato para el "compromiso", un acto de la voluntad del que carecen aparentemente los animales? Es probable que el compromiso venga determinado también por circuitos cerebrales en los humanos y en otros animales, aunque en humanos la corteza cerebral asume funciones que, en otros animales, pueden estar asignados a estructuras subcorticales. Más difícil parece poder situar la intimidad en una parte concreta del cerebro, pero previamente se mostrará alguna clave para entender el compromiso en las relaciones de pareja.

En un pequeño mamífero, el ratón de campo, Microtus ochrogaster, se han descrito recientemente las modificaciones neuroquímicas aparentemente responsables de su estrecha y permanente unión de pareja, que además resulta fácilmente cuantificable porque, en cuanto el macho elige una hembra, aquél rechaza violentamente a otras potenciales parejas. Aragona y colaboradores, del Departamento de Psicología y del Programa en Neurociencias de la Universidad de Florida, en Estados Unidos, han descrito que la transmisión dopaminérgica en la porción rostral de la corteza del núcleo accumbens es la que explica el emparejamiento. Aquí, la activación de receptores dopaminérgicos del tipo D1 dificulta el emparejamiento, mientras que la de los receptores del tipo D2 la facilitan. La regulación al alza (up-regulation, incremento de su función y/o número) de los receptores D1 en el núcleo accumbens del macho en las dos semanas tras el emparejamiento con la hembra seleccionada es la responsable de la aparición de la conducta agresiva que muestra el macho frente a otras hembras a partir de ese período, con implicaciones que se comentarán en el

El control de la conducta agresiva en los emparejamientos animales suele ser algo muy delicado. Sin detener esta exposición en la casuística particular de la mantis religiosa, de especies de arañas, de leones o de hienas (comentadas en el Epílogo) sí puede aceptarse que se manifiesta en la naturaleza la necesidad de bloquear conductas agresivas para posibilitar la reproducción. Probablemente exista una relación más estrecha de lo imaginado entre las estructuras y sistemas implicados en la agresión y los implicados en el amor. En la investigación sobre Microtus se ha mostrado claramente cómo circuitos cerebrales relacionados con la conducta agresiva están asociados a la relación de pareja.

El hallazgo de Aragona y colaboradores constituye una de las primeras pruebas de la base neuroquímica de modificaciones neurofisiológicas responsables de la aparición de conductas agresivas en la actividad reproductora. En humanos, lamentablemente, puede aparecer también dicha conducta, casi exclusivamente en hombres y al final de la relación amorosa. Es un problema serio, que puede afectar a cualquier pareja, a cualquier edad, y de gran trascendencia social e individual.

El que podría denominarse como Síndrome de Abstinencia de Amor (SAA, por equiparación al Síndrome de Abstinencia a los Opiáceos, SAO) podría afrontarse mejor, con terapia conductual e incluso farmacológica si se contemplara como un síndrome derivado de una alteración funcional de ciertas estructuras cerebrales que deben recuperar su actividad habitual de base, trastornada con el desarrollo del amor, lo que podría requerir un intervalo temporal concreto, de como mínimo un par de semanas.

Podrían aplicarse al ámbito de la ruptura sentimental los conocimientos actuales sobre conceptos como la hipersensibilidad de denervación (cuando deja de llegar señal a una neurona o grupo de ellas procedente de otra neurona), o la regulación al alza o a la baja de los receptores (en el caso de la hipersensibilidad de denervación, la neurona a la que no llega señal o ésta le llega débilmente, incrementa su sensibilidad para captarla), o la latencia de inicio de la acción terapéutica de muchos psicofármacos (muchos empiezan a hacer efecto hacia las dos semanas de comenzar su ingesta), o intervalos temporales en la adquisición de un condicionamiento, o en su pérdida, o en su recuperación espontánea, etc., etc., algunos procedentes de la neurofisiología y otros de la psicología.

En muchos de los tópicos anteriores surge habitualmente el período de dos semanas de transición ya mencionado anteriormente, que parece representar un tiempo característico de la fisiología neuronal y que se repite, sin ir más lejos, en la investigación sobre el emparejamiento del ratón de campo Microtus ochrogaster, comentada más arriba. Por supuesto, en el amor, al estar implicados tantos sistemas diferentes pero interrelacionados, con gratificaciones tan potentes, es seguro que la curación tras la ruptura sentimental será más lenta, y también es probable que deje efectos permanentes o de muy larga latencia, como se ha descrito en el paradigma del condicionamiento clásico o pavloviano. Por otra parte, en numerosas ocasiones la ruptura es gradual, lo que parece lógico si se consideran que son varios los sistemas cerebrales implicados, no sólo resulta afectado el circuito más reconocido como sustrato del placer.

En el ser humano, y en muchos animales, el circuito "Área Tegmental Ventral-núcleo accumbens", en el cual las neuronas de la primera estructura liberan dopamina en el núcleo accumbens, es conocido como la estructura central del refuerzo; como se referirá posteriormente, la actividad sexual incrementa la actividad de este sistema, por ejemplo en el orgasmo. No obstante, en el amor humano intervienen otros circuitos adicionales, y algunos de ellos se mencionan en el apartado siguiente, dedicado a la ontogenia del amor.

Vemos así como a lo largo de la evolución, en aves y mamíferos no humanos aparecen los componentes del amor: rituales de apareamiento, establecimiento de lazos entre los miembros de la pareja, mantenimiento de la relación durante períodos más o menos largos... Faltan, en todo caso, la capacidad de juicio, la decisión y los compromisos voluntarios, exclusivos y característicos del amor humano.

En el mesencéfalo se encuentran los principales grupos neuronales productores del neurotransmisor dopamina en el cerebro, la Sustancia Negra y el Área Tegmental Ventral, (ATV). El circuito que va

desde el ATV al Núcleo Accumbens, estructura subcortical del telencéfalo, y que se muestra en esta figura esquemática de cerebro de roedores, es el circuito que más se ha relacionado con la experiencia placentera generada por la diversidad de sustancias, procedimientos y conductas que pueden causar adicción y dependencia. Otras estructuras participan de la valoración de los resultados, o en la predicción de la utilidad de las acciones en funciónde sus consecuencias, por ejemplo, la corteza orbitofrontal, la corteza prefrontal dorsolateral (no apreciables en esta imagen del cerebro de rata), el estriado (otro componente de los ganglios basales), etc. Una revisión sucinta en castellano sobre el funcionamiento del Núcleo Accumbens.

La ontogenia del amor

"El amor no nace, se hace" –a pesar de la posibilidad de flechazos y de amores imposibles-, en la medida en que paulatinamente, a lo largo de la vida, se van construyendo los sistemas cerebrales que dan cuenta del amor. Si bien la absoluta dependencia de los bebés hacia su madre, o del niño hacia sus padres, y viceversa, suele etiquetarse de "amor", más acertado es identificarlo como "apego", amor filial o amor parental.

Hasta la pubertad no se ponen en marcha los procesos necesarios para que la reproducción sea posible. Los mecanismos cerebrales implicados en el amor tampoco pueden considerarse funcionales en su totalidad, si bien los sistemas de recompensa cerebral están suficientemente maduros como para motivar muchas de las características de la conducta adolescente que ya se han analizado en otra publicación previa.

Se ha descrito extensamente que la adolescencia es un período de la vida en el que abunda la energía disponible por el individuo; así, destaca la capacidad de desarrollar conductas problemáticas en relación al juego y la predisposición a la aparición de conductas adictivas, desde la ludopatía al consumo de sustancias, siendo incluso difícil diferenciar entre ambos tipos de adicciones, o incluso considerándose la ludopatía como "adicción no farmacológica". La relación entre conducta adictiva y juego patológico existente tanto en adolescentes como en adultos sugiere la existencia de un mecanismo etiológico común, si bien algunos estudios no encuentran relación con la impulsividad como factor de personalidad.

Datos procedentes de la investigación animal y humana coinciden en situar en los sistemas cerebrales de recompensa un posible sustrato responsable de algunos de los cambios conductuales de la adolescencia. La turbulencia emocional no es infrecuente. Pero, ¿por qué se incrementa la búsqueda de estímulos en esta etapa?, ¿hay un incremento en el nivel de placer disponible o existe alguna otra razón neurobiológica que genere el incremento de conductas de riesgo? Una extensa revisión estableció con claridad en 1993.´

Si bien las drogas de abuso pueden ejercer sus efectos reforzantes sin la presencia de dopamina, los sistemas dopaminérgicos sí están implicados en el componente apetitivo —el deseo- de la recompensa, que resulta afectado presumiblemente por la descarga hormonal de la pubertad, y que actúa como generador de conductas en las que prima dicho componente apetitivo. En este sentido, se ha confirmado que, en humanos, la activación de los sistemas dopaminérgicos está asociada con el orgasmo.

Una de las implicaciones de esta distinción (entre el deseo y la materialización del placer) se debe a un equipo de neurobiólogos de la Facultad de Medicina de la Universidad de Yale, en Estados Unidos, que han propuesto, en una reciente revisión, que la conducta de búsqueda de drogas puede deberse a dos fenómenos relacionados: bien el aumento de las cualidades de incentivo de la droga y de los estímulos asociados a su consumo bien a un deficiente control inhibitorio. En el primer caso estaría implicada una disfunción del sistema límbico, asociada a la experiencia y expresión emocional. En el segundo caso la inhibición no se lograría por un deficiente control fronto-estriatal. Sobre la aparición del proceso de condicionamiento generado por la administración de productos activos del sistema nervioso central, e implicado en el valor de incentivo de los estímulos asociados a la droga, un equipo de la Universidad de La Laguna describió a finales de la década de 1980 las leyes responsables de la aparición de las respuestas condicionadas, pudiendo diferenciar con claridad el componente debido al aprendizaje y la respuesta propiamente farmacológica.

La activación esencialmente dopaminérgica del núcleo accumbens, que se traduce de modo inmediato o diferido en placer, está modulada y regulada, en cuanto intensidad y sentido -positivo o negativo-, tanto por el adyacente estriado dorsal, como por aferencias procedentes del prefrontal, que contribuyen a regular asimismo la activación estriatal en función de la experiencia previa del sujeto. Las activaciones mencionadas promueven conductas orientadas a la búsqueda del placer, y la búsqueda y la obtención del amor y de los componentes reconocidos del amor, la intimidad, la pasión y el compromiso, pueden ser fuentes de placer separadamente.

Así, la intensidad del refuerzo global asociado a esta motivación, el amor, en humanos, probablemente pudiera objetivarse como superior a cualquier refuerzo suministrado por cualquier otra causa de la conducta.

El amor es una motivación fisiológica generada por varias estructuras cerebrales en la que unas u otras muestran activación – en algunas, hay inactivación- en función de la duración de la relación amorosa, como la corteza cingulada, la región media de la ínsula, la corteza retrospenial derecha, que también se activa con la saciación con chocolate, y varias áreas del neocortex: parietal, frontal inferior y temporal medial....

El amor no sólo es actividad cerebral, sino que, como cualquier otra experiencia, va cambiando los cerebros de quienes lo experimentan, aunque seguramente de modo más intenso que cualquier otro estímulo o vivencia que pueda experimentarse.

Los jóvenes están desplegando el control frontal mediante la mielinización de sus conexiones con los ganglios basales hasta la práctica finalización de la segunda década de la vida y, en consecuencia, pueden ser más proclives a tomar decisiones o a adoptar compromisos para los que pudieran no estar aun suficientemente maduros, dado que la impulsividad, más o menos marcada, es una característica esencial de la conducta juvenil. A partir de datos post-mortem y de neuroimagen pediátrica se ha descubierto recientemente que la corteza prefrontal parece ser una de las últimas regiones cerebrales en madurar hacia los 18 o 19 años30.

Si bien las sociedades desarrolladas suelen disponer de normas éticas y leyes para la protección sexual de niños y jóvenes, es un hecho que las nuevas tecnologías están facilitando una explosión mundial de la práctica de la pederastia y de la paidofilia. A este respecto hay que insistir en que la experiencia sexual precoz en niños y niñas puede marcar su vida amorosa para siempre. Un equipo de la Universidad de Yale investigó la actividad cerebral causada por las memorias de abuso infantil en mujeres víctimas del mismo, en dos grupos de mujeres con y sin diagnóstico de trastorno de estrés postraumático. Se encontró en las primeras menor actividad en la corteza medial prefrontal, incluyendo el giro cingulado anterior, hipocampo derecho y giros fusiformes, temporal.

La explosión de pederastia a que se hace referencia implica la paulatina disminución de las edades de los objetos- víctimas sexuales con lo que se termina incurriendo en la paidofilia. inferior, supramarginal y en la corteza de asociación visual. Algunos síntomas del trastorno de estrés postraumático pueden achacarse al incremento de activación causado por dichas memorias de abuso en la corteza motora y en el giro cingulado posterior.

Pero no sólo es especialmente sensible el cerebro en la niñez al abuso sexual, sino que también la adolescencia es un período crítico para las motivaciones y la adicción.

El adelanto de la experiencia sentimental y sexual con excesiva antelación a la consecución de la mielinización fronto-estriatal, hacia los 20 años de edad, podría tener consecuencias en el desarrollo y en la aproximación al amor en la vida adulta. De hecho, el desarrollo de las conexiones y circuitos relacionados con el amor podría verse afectado por su experiencia temprana, al igual que los mismos circuitos de recompensa cerebral son afectados por el consumo de drogas de abuso, que se ha demostrado que producen modificaciones estructurales persistentes en el núcleo accumbens y en la corteza cerebral para una extensa revisión.

En la actualidad se atribuye cada vez más importancia al ambiente como factor determinante en la expresión de los genes del desarrollo, especialmente sobre los denominados como genes de plasticidad.

En conclusión, a lo largo de la vida van madurando las estructuras y circuitos responsables del amor; dicha maduración sigue ritmos diferentes en chicos y chicas; adicionalmente, en hombres y mujeres se observan diferencias en la anatomía cerebral, pero también patrones de activación diferentes frente a estímulos emocionales y hasta en cuanto actividad basal.

Por poner un único ejemplo, el mayor volumen de la corteza orbitofrontal en mujeres en relación a otras referencias anatómicas cerebrales implicadas en la experiencia emocional, ha permitido sugerir a un equipo de la Facultad de Medicina de la Universidad de Pennsylvania que las diferencias de género en el procesamiento de las emociones podría estar relacionado con el diferente volumen cortical dedicado a su modulación. Diferencias de género, diferencias individuales y ritmos de maduración están comenzando a conocerse, y podrán referirse de manera específica a los distintos componentes del amor.

Aunque la pasión o el compromiso o la intimidad pueden llegar a ser muy placenteros y motivadores separadamente, es necesario dejar constancia del hecho de que, si no es amor, no participan de la experiencia de que se trate (sexo, apego, cariño, pasión, compromiso, entrega, etc.) la totalidad de los circuitos cerebrales que promueven y participan del amor.

Por eso, la expresión tan al uso de "hacer el amor", induce a error y transmite el error de equiparar el sexo con el amor a los oyentes que, sin haber experimentado el amor, ya están biológicamente capacitados para tener pasión, en términos de actividad sexual, y también para tener intimidad, sin estar quizás plenamente capacitados para poder comprometerse. Las experiencias parciales tempranas, de índole sentimental o sexual, podrían afectar de diversos modos la activación de los diversos circuitos requeridos para la experiencia amorosa completa, de modo similar a lo hallado en el trabajo de la Universidad de Yale (1999) mencionado más arriba, y quizás de distinto modo en ambos sexos.

Todo tipo de combinaciones de los componentes del amor

pueden expresarse en la conducta, si bien algunas de dichas composiciones, como la pasión o el sexo sin amor, o el compromiso sin pasión ni intimidad, o la intimidad sin pasión y sin compromiso, podrían contemplarse como activaciones parciales de circuitos cerebrales que no pueden equipararse, ni en experiencia subjetiva, ni en consecuencias objetivas, a la activación armónica del conjunto, también denominada amor.

Es posible comer sin tener hambre, por placer. Igualmente es posible hacer sexo por placer. Pero no es lo mismo, sin intimidad y compromiso, no es amor. También es posible estar apasionadamente comprometido con una causa, o con una persona. Pero tampoco es amor: sin sexo, sin intimidad, no hay amor. Entiéndase que no se pretende transmitir con las expresiones anteriores ninguna connotación negativa ni peyorativa ni descalificadora, sino una interpretación integradora de una experiencia motivacional única que, aunque disminuida, puede experimentarse fragmentada.

El fin del amor

La ruptura amorosa suele interpretarse como un duelo e implicar síntomas similares a la depresión que pueden durar hasta varios meses tras los que, normalmente se produce una recuperación. Sin embargo, el duelo puede llegar a merecer el diagnóstico de Trastorno Depresivo Mayor si la presencia de los síntomas que justifican la situación inicial de Episodio Depresivo Mayor (a partir de las dos semanas de la separación) se mantiene más de dos meses.

Hay que tener en cuenta, además, que el cumplimiento de los criterios durante más de dos años puede motivar el diagnóstico de Trastorno Depresivo crónico (DSM-IV, 199744), y que al duelo se le suele considerar como un factor de riesgo mayor para la aparición de una depresión clínica. Naturalmente, el diagnóstico profesional de estos estados no se basa exclusivamente en períodos temporales, que aquí se citan con el objetivo pedagógico de mostrar su proximidad conceptual.

Como muestra de la diversidad sintomatológica y de consecuencias del fin de amor, se copia a continuación un párrafo de un texto reciente: "El rango de síntomas que va de la tristeza aguda al duelo y la depresión mayor involucra probablemente el malfuncionamiento de varios sistemas neuroanatómicos interrelacionados: En la depresión, una forma sencilla de organizar los síntomas y sus regiones cerebrales es que: 1) áreas hipotalámicas participan de problemas de regulación neuroendocrina, sueño, apetito; 2) la hipofunción del estriado ventral es responsable de la anhedonia (la vida carece de sentido y no se disfruta con cosas que antes se valoraban positivamente); 3) la conexión de los sistemas motores con el estriado dorsal o el tálamo está implicada en la lentitud de las manifestaciones motoras; 4) la hiperactividad de la amígdala causaría la ansiedad y la interpretación errónea de las señales de peligro (facilitando auténticos ataques de angustia); 5) la desorganización de la actividad paralímbica (corteza orbitofrontal-insula-polo temporal- cingulado anterior) provoca los síntomas afectivos, y 6) la hipofunción   del   cingulado   anterior/corteza prefrontal   es   la responsable del déficit cognitivo".

Existe una tendencia a interrumpir la conducta social cuando se ha producido la ruptura sentimental; predominan la tendencia a la reclusión y al aislamiento, al recuerdo estéril de las causas de la separación. Al mismo tiempo surgen conductas inesperadas para el paciente de la decepción: desde escuchar la música que permite y aviva el recuerdo del otro y de la felicidad que se ha esfumado, hasta recorrer los lugares antes frecuentados como si su visión o su proximidad atenuara la pena que se experimenta y llenara el vacío en que se transforma el amor de antaño, muchas veces esperando un imposible: que vuelva lo que se ha ido, en muchos casos por acción u omisión reconocidas del que ahora quisiera dar marcha atrás.

Probablemente el lector o lectora alguna vez (ojalá, nunca) haya experimentado situaciones como las anteriormente descritas. Distintas estructuras y sistemas cerebrales en su adaptación a la nueva situación, son responsables de la diversidad de tendencias que se presentan en la situación de fin del amor, y de las diferentes consecuencias y velocidades en cada uno de ellos deriva que, en muchos casos, las acciones que se inician sean contradictorias e inesperadas.

Desde la aproximación expuesta a lo largo del presente artículo, en la ruptura sentimental habrá de verse implicada la tríada (al menos) de sistemas relacionados con la motivación amorosa, tanto con el componente pasional, que desaparece bruscamente, generando situaciones similares a la interrupción del consumo de una droga, con el consecuente e inevitable síndrome de abstinencia, como en el relativo a la desaparición de la intimidad compartida con la pareja, y a la obvia cancelación del compromiso.

Porque, efectivamente, al estar implicados diferentes sistemas cerebrales, al ser el amor mucho más que una emoción, como el miedo o la ira, las diferentes estructuras que se han adaptado al amor probablemente tienen cursos temporales de readaptación diferentes, pero además los mecanismos de plasticidad que se desencadenan pueden ser contradictorios entre unos sistemas y otros.

Así, la inexplicable tendencia (para los demás, pero también para el propio paciente del amor) de incrementar su pena aislándose de otros estímulos o relaciones que pudieran contribuir a paliar el sufrimiento que se experimenta, o buscando huellas o señales de la presencia o existencia del otro, a pesar de que, de encontrarse, se es consciente de que el resultado será el incremento del dolor, tiene una explicación relativamente sencilla: es la respuesta generada por el aquí expuesto como Síndrome de Abstinencia de Amor (SAA), equivalente al síndrome de abstinencia de opiáceos, o al síndrome de abstinencia de cualquier droga o actividad placentera, pero probablemente peor, y probablemente, más sentido por la mujer, en quién la respuesta cerebral desencadenada por la tristeza parece ser mayor en extensión que en el hombre, particularmente en el denominado sistema límbico.

Al no contemplarse el SAA en la comunidad terapéutica como un síndrome más de abstinencia, suele entenderse, o permitirse, aunque se recomienda lo contrario, que el paciente mantenga las rutinas de proximidad a su droga (su ex-amante) que en el resto de tratamientos contra las múltiples adicciones a sustancia o hábitos, como la ludopatía y la adicción a la heroína, se prohíben totalmente.

Tampoco se promueve la asistencia del paciente de amor a comunidades terapéuticas y grupos de autoayuda, cuando precisamente el intercambio de experiencias entre iguales es una estrategia de utilidad suficientemente probada desde hace muchas décadas para ex-alcohólicos y ex-adictos, y también debería serlo para ex-amantes. A fin de cuentas, se trata de potenciar el control cognitivo, debilitado tras la ruptura amorosa, dado que en este contexto psicobiológico, el amor puede interpretarse como una droga (también lo hizo George Orwell, en su magistral "1984").

Pero el amor no es simplemente otra droga más sino que (tal como hoy ya se conoce con suficiente detalle) los efectos adictivos de casi todas, si no todas las drogas, se ejercen por medio de la activación del mismo circuito cerebral de recompensa, mediado por dopamina, y que va del tegmentum o zona inferior del mesencéfalo a los ganglios de la base de cerebro anterior, que la evolución ha diseñado como circuito motivacional primario de la conducta, y que también motiva el amor, asociándolo con el orgasmo y con otros componentes de la actividad sexual, y del amor romántico

Así, a pesar de las consecuencias negativas que tiene la perseverancia en las conductas que recuerdan al amor una vez terminado, en cuanto a malestar, angustia e, incluso, desesperación que causan en el propio paciente de amor, las mismas no pueden evitarse fácilmente al final del amor dado que están originadas por la activación de condicionamientos motores y hábitos que antaño generaron satisfacción; así, los ex-fumadores recordarán el manejo de los bolígrafos como si fueran cigarrillos; los ex-alcohólicos podrán evocar fácilmente en su memoria los recuerdos del sonido de los cubos de hielo en el vaso, etc.

Es enorme el número de estímulos condicionados asociados a las conductas adictivas. Y al amor. Y no desaparecen con facilidad; de hecho, las asociaciones pueden recuperarse espontáneamente siguiendo las leyes del condicionamiento pavloviano, aunque parezcan olvidadas, explicando las recaídas y las relaciones enfermizas que parece que nunca pueden cortarse definitivamente.

Pero no sólo las conductas, tampoco desaparecen los pensamientos. Una única cosa existe en la mente del paciente de amor: la obsesiva presencia del ex-amante, lo primero al despertar, lo último antes de dormir... pensamientos obsesivos que no es posible cortar voluntariamente y que contribuyen a incrementar la pena de quien los sufre, y tan cercanos a alucinaciones o delirios.

De este modo, durante un período de tiempo aún no

suficientemente cuantificado, probablemente muy variable, y que se propone aquí que pudiera extenderse entre las dos semanas (recuérdese el período de tiempo en el que se desarrolla la hipersensibilidad de denervación) y los seis meses, y quizás hasta los dos años (recuérdese el curso temporal de la depresión hasta alcanzar el estatus de crónica) no se puede recuperar totalmente el control del pensamiento.

De hecho, pensamientos obsesivos y recurrentes (pensar a todas horas en la pareja, el producirse coincidencias felices, por ejemplo al tener ambos casi simultáneamente la intención de llamarse) son manifestaciones del mismo pensamiento obsesivo en ambos miembros de la pareja cuando hay amor: técnicamente, el pensamiento enamorado es una obsesión patológica, que no merece el diagnóstico de TOC (Trastorno Obsesivo Compulsivo) del DSM-IV porque hace feliz, y cuando es compartido no se suele ir al especialista en demanda de curación.

Pero en el amor, ciertamente y en términos de sustrato cerebral activado, destaca la activación de la corteza cingulada anterior, que se ha observado tanto en el TOC como en el estado enamorado y, asimismo, tras la desaparición del amor.

Evidentemente, la reconstrucción del cerebro herido de amor no correspondido requiere otras acciones y automatismos de recuperación menores (si se comparan con la catástrofe que afecta a los sistemas de recompensa y al pensamiento, ya comentados), pero también formidables.

El cerebro pierde, por ejemplo, al perder las manifestaciones de afecto provenientes de la pareja, sus caricias y su presencia, y al perder la posibilidad de acariciarla, multitud de aferencias somatosensoriales que dejan huérfana de activación a gran parte de la corteza parietal, en donde terminan las señales originadas en la piel. En este sentido conviene mencionar que disponemos de multitud de receptores táctiles por toda la superficie corporal, pero muchos de tales receptores están diseñados para recoger señales relacionadas con el cariño: la piel está dotada de receptores de vibración que se activan especialmente al acariciar (también cuando nos acarician), más que con la pura y simple presión de un objeto al contacto con la piel.

También la voz única de la persona amada se pierde. Probablemente la combinación única de frecuencias y timbre de dicho sonido se constituye durante la relación amorosa en un estímulo condicionado extraordinariamente potente para desencadenar bienestar, especialmente por la proximidad con que se escuchan los amantes, por el significado de los mensajes que se intercambian y, sobre todo, porque es el sonido que rodea la activación del circuito dopaminérgico citado durante el acto sexual y el orgasmo, deviniendo así en un potente estímulo condicionado asociado al bienestar. Aunque suene excesivo, su voz puede ser el sonido de la felicidad.

Lo mismo ocurre con otras muchas percepciones, incluyendo el olor y el sabor de la persona amada. Multitud de moléculas que han estimulado los respectivos sistemas inmunitarios y que habitualmente se han asociado a estados felices, feromonas aún no descubiertas y sustancias generadas por glándulas apocrinas diseñadas para ello, más o menos repentinamente, desaparecen. En un contexto de aprendizaje, multitud de estímulos que han constituido el mar que baña y que ha acompañado al amante en el navegar por la vida, desaparecen. Miríadas de estímulos condicionados, a los que más que estar acostumbrado, constituyen ya parte de su fisiología, tras la ruptura desaparecen, el mar se seca, la Luz se apaga.

Las consecuencias aún no son bien conocidas. Es tristemente frecuente el caso de parejas de muchos años que, al fallecer uno de los miembros de la pareja, a las pocas semanas o meses le sigue el sobreviviente. Un ejemplo reciente: hace muy poco que falleció el marido de la actriz Debora Kerr, tan solo veinte días tras la muerte de su esposa. Probablemente el amor es la experiencia sensorial, emocional y cognitiva más completa de la vida de la persona, solamente comparable con el alumbramiento y la crianza en la mujer. El final del amor constituye un desastre sensorial, emocional y cognitivo que el cerebro que sufre el desamor tiene que remontar, sin sospechar que en el futuro su enfermedad tendrá nombre, y tratamientos perfectamente protocolizados según las posibles variantes.

Conclusiones:

El amor es una motivación fisiológica generada por

varias estructuras cerebrales en la que unas u otras están especialmente activadas en función de la duración de la relación amorosa, y que implica varios estados emocionales.

Algunos de los estados fisiológicos generados por el amor están próximos a estados patológicos, y de hecho pueden llegar a convertirse en auténticas patologías, incluso con resultados mortales cuando el amor no es compartido y su despliegue no lleva asociada la activación del circuito motivacional primario de recompensa cerebral.

Los distintos componentes del amor habitualmente reconocidos en la investigación psicológica, como la pasión, la intimidad y el compromiso, pueden referirse a, y están originados por, la activación de diferentes estructuras y circuitos cerebrales. Pero no siempre, algunos de sus efectos y causas están originados por la desactivación de ciertas estructuras, por ejemplo, la desinhibición asociada al orgasmo (con manifestaciones verbales y motoras que pueden ser incontrolables para muchas personas) parece estar motivada por la desactivación de la corteza orbitofrontal.

Como quiera que el funcionamiento de los circuitos implicados en el amor sigue las reglas habituales de la actividad neuronal, podrán plantearse estrategias dirigidas a estimular la aparición del amor, o a mitigar su pérdida. Algunas de dichas estrategias se conocen desde hace tiempo, y ciertas culturas aún las aplican, por ejemplo, emparejar a niños y jóvenes (como suele decirse, "el roce hace el cariño – seguida dicha expresión, en ocasiones, de una pícara coletilla: "y el cariño hace el roce-") sin darles opción a elegir otra pareja. Suele ser ésta una costumbre denostada por otras culturas, y difícilmente extensible a sociedades defensoras de la libertad individual para, entre otras actividades menores, el emparejamiento.

Así, contemplar el amor como una motivación dependiente de la fisiología cerebral y siguiendo leyes básicas de aprendizaje posibilita innumerables aplicaciones prácticas para los terapeutas de la aún emoción por excelencia que, evidentemente, ya disponen, y emplean, excelentes estrategias de ayuda para sus pacientes. En cuanto motivación, pueden tratarse la adicción, cuando es destructiva para el paciente, y el síndrome de abstinencia.

En conjunto, la aceptación generalizada de esta interpretación podría constituir algo similar a lo que supuso el hallazgo de receptores cerebrales para la morfina en 1973, seguido poco después por el de las sustancias químicas que fabrica el propio cerebro para activar esos receptores, un conocimiento que permitió afrontar desde entonces la adicción a los opiáceos, y en general a las drogas de abuso, como un desequilibrio de dichos receptores, una alteración funcional, en definitiva como una enfermedad, frente a la percepción previa de las adicciones como vicios o debilidad de la voluntad.

Igualmente, contemplar el amor como un proceso fisiológico comprensible permitirá acciones hoy impensables, como, por poner un ejemplo sangrante, diseñar estrategias realistas, desde el conocimiento de lo que ocurre en el cerebro de los implicados, para terminar con las muertes de mujeres a manos de sus ex-parejas.

En este sentido, un análisis preliminar de una investigación reciente con 15 hombres y mujeres con su relación amorosa recién terminada ha mostrado que, asociadas específicamente a la persona amada, se activan en sus cerebros áreas asociadas a los sistemas de recompensa cerebral, pero también áreas que previamente otros estudios habían asociado a conductas obsesivo-compulsivas y al control de la furia.

Llegará el día en el que se descubrirá el último rincón del cerebro en el que actúa la última molécula que ejerce efectos sobre el amor pero, una vez cubiertas las necesidades básicas para la supervivencia, dicho proceso fisiológico seguirá siendo, simplemente, el principal motivo para la vida humana. Como dijo el poeta: "el amor es la luz", y saber por qué, los enamorados saben que no hace que ilumine menos.